IN MEMORIAM

Nimes. — Imprimerie Clavel et Chastanier, rue Pradier, 12.
F. CHASTANIER, Successeur.

IN MEMORIAM

HENRI BLANC-MILSAND

16 janvier 1839 — 7 janvier 1887

QUELQUES SOUVENIRS

RECUEILLIS

PAR UN AMI

NIMES
IMPRIMERIE CLAVEL ET CHASTANIER
F. CHASTANIER, SUCCESSEUR
12 — rue Pradier — 12

1887

IN MEMORIAM

Emmanuel-Henri BLANC naquit le 16 janvier 1839, à Vallon (Ardèche). Il était fils de M. Henri Blanc[1], alors pasteur de cette église, et de Mme Caroline Bernard. C'est sous l'influence chrétienne et pieuse de ses parents que se développèrent son intelligence et son cœur : l'intelligence était vive, le cœur généreux et aimant. Le travail lui fut toujours facile ; — jusqu'à l'âge de douze ans, il n'eut d'autre maître que son père, et c'est à cette époque qu'il entra en cinquième au lycée de Montpellier. Il poursuivit, l'année suivante, ses études classiques à Angers, où M. Blanc venait d'être nommé. Les succès de l'enfant furent nombreux et remarqués. Il eut un prix d'honneur, et, coïncidence singulière, ce fut Mgr l'Évêque qui, ce jour-là, aux applaudissements de toute l'assemblée, couronna le fils du pasteur protestant. — Il ne se distinguait pas seulement par ses aptitudes intellectuelles, mais aussi par son adresse à tous les exercices physiques : tir, natation, gymnastique,

1. La famille Blanc est originaire de Calvisson (Gard).

étonnant ses professeurs et plus encore ses condisciples plus grands et plus âgés que lui.

Avant d'avoir fini ses classes, il fut envoyé en Allemagne, à Cannstadt, dans le Wurtemberg, chez M. Hirsch, qui dirigeait alors un pensionnat fréquenté surtout par des élèves anglais ; il apprit parfaitement leur langue ainsi que l'allemand. C'est à son retour qu'il s'arrêta quelque temps à Strasbourg, prit dans cette ville, le 3 août 1857, son grade de bachelier ès lettres, et y commença sa théologie. De là, il partit pour Montauban et resta dans notre Faculté Réformée jusqu'à la fin de ses études théologiques.

Ses premiers sermons firent pressentir le prédicateur brillant et sérieux que notre Église allait bientôt posséder. Il fut chargé, pendant ses études mêmes, d'une suffragance à Montauban, et nous nous souvenons encore de l'impression profonde que fit sur le grand auditoire du temple des Carmes une de ses prédications sur ce texte : « Rabboni, mon maitre ». Ce discours était plein de promesses qui ont été tenues par notre ami.

Sa thèse pour le baccalauréat en théologie, soutenue le 30 juillet 1862, faisait, elle aussi, présager un théologien ; elle avait pour titre : « *Le péché d'après la conscience et les écrits de St Paul.* » Pour ce travail, il s'était inspiré et s'était servi avec bonheur des importants ouvrages allemands d'Usteri, de Baur, etc., qu'il lui était facile de consulter, et en particulier de l'œuvre de Julius Müller : « *Die Lehre von der Sünde.* »

A cette heure, il aurait pu entrer au service de l'Église, mais il désirait compléter ses études ; le profit lui en apparaissait devoir être d'autant plus grand qu'il était maintenant initié à la théologie, et qu'il n'aurait pas de temps à perdre pour étudier la langue allemande qu'il savait déjà. Il partit pour Tubingue, puis alla à Berlin et dans d'autres Universités, assistant aux leçons des plus célèbres professeurs, profitant des aperçus nouveaux qu'ils montraient à son esprit, et amassant des trésors dont il ne devait se servir que plus tard.

Au retour de ce voyage, il fut consacré au Saint-Ministère, le 26 mai 1864, à Marseille, par son père, l'un des pasteurs de cette grande Église. Dans cette touchante cérémonie, à laquelle assistèrent dix pasteurs, M. Blanc, père, prit pour texte : Jean XXI, 15, et avec « une parole onctueuse, un débit animé et entraînant, n'employant que des expressions simples, mais bien choisies, il indiqua le seul moyen efficace de remplir le message divin qui est l'amour du maître » 1.

Le fils répondit au discours de son père avec la même simplicité et le même bonheur d'expressions, en exposant ses convictions chrétiennes et son désir ardent de travailler dans le champ du Seigneur.

Quelques mois après sa consécration, il fut appelé à Paris par M. le pasteur Grandpierre, qui avait besoin d'un suffragant. Il collabora à ce moment avec beaucoup d'activité à la rédaction du journal l'*Espérance* 2. Au terme de sa suffragance, il fut nommé par le Consistoire pasteur auxiliaire de l'Église de Neuilly, alors en formation. Il déploya dans ce nouveau champ de travail une grande activité : sa parole convaincue lui attira de nombreux auditeurs et fit du bien à beaucoup d'âmes. La durée de son ministère, dans cette nouvelle paroisse, n'excéda guère une année, et pour des motifs personnels, il donna sa démission. Si parfois, il a senti douloureusement les tristesses de la vie ou les injustices des hommes, jamais il n'a proféré un mot de murmure contre la volonté de Dieu. C'est dans ses visites pastorales à Neuilly, en allant voir de pauvres malades, qu'il fut atteint, le 6 juillet 1870, de la petite vérole ; la maladie fut longue et douloureuse, la convalescence pénible.

Les événements venaient de se précipiter. La France était envahie, Paris allait être cerné. A peine rétabli, il

1. *Espérance*, 10 juin 1864.
2. *Témoignage* du 15 janvier 1887.

court dans la capitale, se met au service des ambulances et subit courageusement les deux sièges. Il nous a souvent parlé des angoisses de toutes sortes endurées pendant ces longs mois ; les douleurs physiques étaient peu pour lui, mais les tristesses du cœur furent les plus grandes, et son âme de patriote et de chrétien souffrit amèrement de la défaite de nos armées et des crimes de la Commune. Ces lugubres souvenirs lui revenaient souvent comme un cauchemar.

Au lendemain de sa mort, un journal, parlant de cette heure de sa vie, disait : « Si belle conduite lui valut une médaille commémorative, preuve de son amour et de son dévouement pour la patrie, qui firent de lui, dans ces circonstances, un héros, — des faits glorieux suffisent à le prouver. » [1] Pour nous, nous aimons mieux dire qu'il n'a fait que son devoir comme tant d'autres ; mais nous sommes heureux d'affirmer ici que, pendant ces jours néfastes, il fit tout ce que devait faire un Français, un chrétien et un pasteur.

La paix rétablie, il était encore à Paris. N'ayant plus d'Église, il s'occupa beaucoup de faire connaître, à notre peuple dévoyé, l'Évangile du Fils de Dieu. Il devint un collaborateur actif et zélé de l'œuvre de M. Mac-All, et dans ces réunions populaires si mélangées, sa parole vibrante, chaude, actuelle, trouvait facilement le chemin des cœurs.

Il resta là jusqu'à son mariage avec Mlle Claire Milsand, fille unique de M. J. Milsand, ancien collaborateur de la *Revue des Deux-Mondes* et de la *Critique philosophique* [2], — de cet homme de bien, au grand savoir, à la pensée profonde, qui prêchait aussi à la France, à sa manière, la nécessité d'avoir une religion, et montrait que la forme religieuse la plus complète était le protestantisme bien compris.

1. *Christianisme au XIXe siècle*, 20 janvier 1887.

2. *Signal*. Voir les numéros de septembre 1886. Articles nécrologiques sur M. J. Milsand, par H. Blanc.

Le mariage eut lieu le 21 mars 1876, au temple du Saint-Esprit.

C'était l'union de deux intelligences, de deux âmes, de deux nobles cœurs.

Peu après, il reçut vocation de l'Église de Mouriès, petit village de la Provence. Il accepta cet humble poste, pensant que, tout en donnant ses soins à ses paroissiens, il pourrait continuer les travaux théologiques que la vie fiévreuse de Paris l'avait obligé de laisser momentanément. Il fut installé le 9 avril 1876 par son père, délégué à cet effet par le Consistoire de Marseille.

Là, dans cette petite église retirée, loin des bruits de la capitale et du monde, sous ce ciel lumineux qui fait du bien à l'âme, sous ce climat qui détend les nerfs, il passa de douces années. Là commença sa jeune famille; là se poursuivirent avec ardeur de chères études : là furent attirés au culte bien des personnes qui en avaient oublié le chemin; là, dans des conférences qui furent des nouveautés, bien des catholiques entendirent pour la première fois les paroles de l'Évangile, et apprirent ce qu'étaient les protestants et le protestantisme. Toute la population, sans distinction de confession, admira et aima le jeune pasteur. Nous croyons bien pouvoir dire que c'est là qu'Henri Blanc a été le plus heureux, « et que son ministère a laissé un souvenir ineffaçable [1] ».

Cependant, c'est aussi à Mouriès qu'il apprit tout ce que la mort avait de douloureux par la perte de sa première enfant, enlevée peu après sa naissance. Il présida lui-même la sépulture, le 18 mars 1877, comme il devait présider, neuf ans plus tard (4 septembre 1886), dans un milieu tout catholique, celle de son beau-père. Dans ces deux circonstances, il montra ce que valait la foi chrétienne et l'espérance de la vie éternelle. Ses audi-

1. *Bulletin de l'Église réformée de Marseille* du 1er février 1887.

teurs furent aussi étonnés que touchés en voyant le courage que donne l'Évangile dans les plus tristes jours de notre vie d'ici-bas. D'ailleurs, c'est peut-être au cimetière que le ministère de notre ami a eu le plus d'influence sur les masses. Sa parole devenait alors, comme l'a dit un prophète : « le marteau qui brise la pierre. »

En 1880, après le départ de M. le pasteur Cadène pour Bordeaux, il fut appelé par le conseil de l'*Église réformée indépendante* de Vauvert. Dans cette région, il retrouva plusieurs de ses condisciples de Montauban et fut au centre d'églises nombreuses et rapprochées qui furent heureuses de pouvoir profiter de sa prédication. *L'Union pastorale de la Vaunage* [1] existait depuis longtemps ; les paroisses se sentaient plus unies les unes aux autres, leurs pasteurs entretenant de fréquents rapports, et leurs conférences apportaient un peu plus de vie aux troupeaux en rappelant à tous l'importance de la religion. Notre ami contribua à donner encore plus d'éclat à ces assemblées, et ce fut pour l'*Union* et un honneur et un bonheur de le posséder.

L'organisation synodale commençait au moment où il arriva ; il prit une large part à cette restauration dans la XVIe circonscription, et fut souvent chargé des prédications du soir dans les synodes particuliers. D'immenses auditoires comme on en voit trop rarement dans le Midi, remplissaient les temples pour entendre ce prédicateur, encore jeune dont la réputation de talent était connue et la famille appréciée et aimée de longue date. On se souviendra longtemps des discours qu'il prononça aux

1. Association fraternelle dont la pensée est due à M. le pasteur Bazille, de Lunel, et qui fut fondée en 1868, pour l'encouragement réciproque de ses membres dans les travaux du Saint-Ministère. Elle comprend, outre les pasteurs de la Vaunage proprement dite (région de Calvisson, Nages, etc.), ceux de la plupart des églises situées sur les lignes d'Arles à Lunel, de Lunel à Nimes et de Nimes à Aiguesmortes.

synodes de Vauvert, de Calvisson, et en particulier à celui de Saint-Laurent-d'Aigouze, qui fut le dernier que nous entendîmes de lui en pareille circonstance. « La Providence l'avait admirablement doué des plus beaux dons de l'esprit ; » il avait, comme prédicateur, une merveilleuse facilité d'improvisation et d'élocution, « une abondance, un choix d'expressions, une richesse d'idées, une chaleur d'exposition, dont la combinaison atteignait souvent à la grande éloquence et laissait les auditeurs toujours charmés et impressionnés [1] ».

Mais la prédication, pour aussi absorbante qu'elle fut ne prenait pas tout son temps. C'était aussi un penseur et un travailleur. C'est à Vauvert qu'il termina la préparation de sa *Licence en théologie*. Son beau-père habitant Paris, des convenances de famille lui firent choisir la Faculté de cette ville pour y subir ses examens, bien que tous ses souvenirs et son affection l'attirassent à Montauban.

Le 31 juillet 1884, il recevait le diplôme de licencié. Les examens furent brillants, les thèses des travaux de valeur, les soutenances pleines de science et de vie.

Un ami commun, le professeur A. S., nous écrit à ce sujet :

« Les épreuves de la licence sont difficiles ; H. Blanc les a subies de manière à mériter, de la part de ses juges, un témoignage de pleine satisfaction. Cet examen fut dignement couronné par la soutenance de deux thèses, l'une en latin, l'autre en français. Le sujet de la première était une étude sur le contenu et la date de la seconde moitié du livre d'Esaïe. En voici le titre exact :

De tempore quo septem et viginti ultima libri prophetæ Isaiæ capita scripta fuerint investigatio, quam D. b. v. in facultat-theol-evangel. Academiæ Parisien-

1. *Signal* du 15 janvier 1887.

sis, pro licentia docendi., die 31 mensis julii A. D. 1884, hora a mat. X. publice defendet Blanc-Milsand.

» Pendant deux heures, la thèse fut discutée par MM. Berger, Ménegoz, Sabatier, professeurs. L'auteur répondit à chaque objection avec une compétence scientifique et une distinction de parole que les examinateurs se plurent à proclamer publiquement.

» Ce travail de critique biblique aurait fait une plus grande sensation dans le monde protestant, s'il avait été publié en français. Il aboutissait, en effet, à des conclusions très éloignées des opinions traditionnelles, qui prouvaient qu'elles étaient l'ouverture, la rectitude et la franchise d'esprit de celui qui l'avait rédigé. L'amour de la vérité, par-dessus toute chose, avait toujours été le premier article de son orthodoxie ». Il comptait, d'ailleurs, le traduire et le compléter encore par l'addition de quelques chapitres, ou tout au moins d'un chapitre développé sur l'*Idée de l'Inspiration*, dans l'Ancien Testament, et en particulier *chez les prophètes*. Quelques fragments déjà écrits promettaient des pages pleines d'intérêt et, disons-le aussi, pleines d'éloquence. — La mort ne lui a pas permis de réaliser ce désir.

» La thèse française est une œuvre plus considérable et plus remarquable encore. Le titre seul en indique déjà les proportions et l'importance : *Étude sur l'origine et le développement de la théologie apostolique* [1]. Ce n'est rien moins qu'une histoire de la pensée chrétienne à son premier âge, un tableau d'ensemble qui prend rang dans notre littérature théologique française après le savant ouvrage de M. Reuss, sur le même sujet. La forme et la composition en sont des plus heureuses.

» M. Blanc-Milsand avait le style naturellement élégant et clair. Les idées et les mots naissent ensemble comme jaillissant d'une source abondante et limpide.

1. Paris, lib. Fischbacher, rue de Seine, 33; un vol. gr. in-8°, 3 fr. 50.

Mais, dans un travail comme celui-ci, où l'auteur avait recueilli et concentré les fruits de longues années d'études, la forme est la chose la moins importante. Il s'était proposé un généreux et bienfaisant dessein. Sous le travail d'analyse de plus en plus rigoureuse de l'exégèse moderne, il avait vu voler en pièces l'unité doctrinale de la pensée apostolique, et ce qu'on appelait autrefois la doctrine des apôtres se diviser et se morceler en des chapitres divers, et parfois contradictoires intitulés théologie de Paul, théologie de Jacques, de Pierre, de Jean, etc. Où l'ancienne orthodoxie ne voyait jadis qu'identité et uniformité, la science moderne ne trouvait qu'une variété d'opinions sans unité générale. Ni l'un ni l'autre de ces points de vue ne satisfaisaient la conscience ou la pensée de M. Blanc. L'ancienne orthodoxie lui semblait méconnaître l'histoire et la vie même de la primitive Église. La critique moderne lui faisait l'effet, par contre, de déchirer un corps vivant et d'en laisser échapper l'âme, pour n'en retenir que des membres épars : *membra disjecta*; son ambition et son dessein étaient de les concilier en faisant leur part légitime à l'histoire et à la dogmatique. De là découlent le plan, les conclusions et la conception générale de son ouvrage. Il a essayé de trouver, dans l'évolution de la théologie apostolique, un développement normal qui l'explique sans en compromettre l'unité. Il est ainsi arrivé à marquer trois moments dans la théologie apostolique, et celle-ci s'élève progressivement sous nos yeux comme un grand édifice à trois étages. Le premier étage est celui de Jacques et de Pierre. Le christianisme se développe sur le sol du particularisme juif. Le second étage est formé par la théologie de Paul. Le lien étroit de l'Évangile avec l'Ancienne Alliance est rompu ; la pensée chrétienne se développe dans le large horizon de l'universalisme chrétien ouvert par les missions de l'Apôtre. Le troisième étage enfin, qui couronne tout cet édifice et marque l'apogée de la pensée apostolique, c'est la théologie de St Jean, si magnifiquement déployée dans le quatrième Évangile. C'est ainsi que l'auteur maintenait à la fois l'idée de progrès essentielle à toute histoire, et l'unité d'inspiration et de foi que la conscience chrétienne a toujours reconnue dans le recueil du Nouveau Testament.

» La thèse de M. Blanc-Milsand fut attaquée de divers côtés à la fois. Comme il arrive toujours à ceux qui s'efforcent de s'élever au-dessus des conflits d'ici-bas, il mécontentait les deux camps en présence. Ceux-ci trouvaient qu'il faisaient trop de concessions à la critique ; ceux-là jugeaient qu'il en méconnaissait souvent les résultats. Mais on peut dire que tous se sont accordés pour reconnaître la vigueur de pensée dont témoignait l'œuvre, et les ingénieuses ressources d'art et de science par lesquelles elle avait été menée à bonne fin.

« Ces deux savants travaux n'honorent pas seulement la mémoire de leur auteur ; ils honorent la théologie française comme ils l'ont enrichie. »

En octobre 1885, il présentait, aux *Conférences évangéliques du Midi*, à Dieu-le-Fit (Drôme), une vue générale sur : *Les travaux de la critique moderne relativement au Pentateuque* [1], qui n'était qu'un résumé d'une étude beaucoup plus complète. Dans cet essai érudit et consciencieux, et qui heurtait assurément par bien des côtés certaines idées reçues, ce qui frappa le plus l'assemblée ce fut le courage avec lequel l'auteur affirmait qu'il fallait résolument ne plus soutenir ce qui n'était pas soutenable, et la conviction que si parfois la critique trouble les esprits et produit des négations dangereuses, il est un autre côté de la vérité, qu'à son insu, elle fait ressortir avec une irrésistible puissance. En particulier, la place toujours plus considérable qu'elle fait à la prophétie en

1. Librairie Fischbacher, rue de Seine, 33. Grand in-8°, 1 fr.

est une preuve. Nous nous souviendrons toujours avec quelle émotion religieuse il nous lut ses conclusions : « Plus on fait descendre Moïse, et plus on fait monter les prophètes..... plus on fait monter les prophètes, et plus à leur tour, ils relèvent les lois de Moïse de leur abaissement. Car enfin, si Moïse est laissé dans l'ombre, c'est bien chez les prophètes et dans les écoles des prophètes qu'il faut aller chercher la source des lois, des croyances, de l'esprit religieux et des espérances d'Israël [1] ».

La conférence demanda l'impression de ce rapport si original et si nouveau ; il parut dans la *Revue théologique* de Montauban de janvier 1886. Notre ami écrivit aussi quelques articles de critique religieuse dans l'*Eglise libre*, et l'œuvre à laquelle il travaillait encore au moment de sa mort était la revision de quelques livres de l'*Ancien Testament* dont le synode de Nantes l'avait chargé.

Ce fut au milieu de ces labeurs utiles, « dans la pleine maturité de son talent et de sa foi » [2], alors qu' « il paraissait si plein de jours ! Qu'il avait tant de flammes dans les yeux, tant de vivacité dans son regard, tant d'énergie dans sa parole, tant de sève et tant de vigueur dans toute sa physionomie ; qu'il semblait avoir tant d'années devant lui et tant de forces pour combattre le bon combat et pour porter le faix du jour et la charge des Églises, [3] » qu'il a été frappé au moment ou rien ne faisait prévoir une fin prématurée.

Le 1er janvier 1887, il prêchait encore dans son Église, « et l'on dit que ce jour-là sa parole fut particulière-

1. *Revue théologique*. Janvier 1886, p. 42.

2. *Le Midi* du 10 janvier 1887. Qu'il nous soit permis de remercier M. le pasteur Tarrou, des lignes aimables qu'il écrivit, au lendemain de la mort de notre ami, dans le journal que nous venons de citer.

3. *Signal* du 15 janvier 1887.

ment impressive. Dans l'après-midi il dut présider une sépulture. Le froid était intense et il en fut saisi. En rentrant il s'alita. Le médecin, appelé le mardi seulement, ne trouva rien d'inquiétant. Mais le lendemain, la situation s'aggravait. Dans la nuit du mercredi au jeudi, le médecin, mandé en toute hâte, déclarait l'état désespéré : notre ami tombait dans le délire et bientôt dans une prostration complète, qui devait durer jusqu'au vendredi 7, à midi et demi, où il rendait le dernier soupir, [1] « pendant qu'entouré de sa famille, de deux membres de son église et d'un collègue ami arrivé la veille, son vénéré père priait le Seigneur de recevoir l'âme de son fils. Nous n'oublierons jamais la solennité de ce moment. Ainsi s'éteignit, sans avoir pu rien dire ni à sa famille, ni à ses amis, cette « nature généreuse, ce cœur si chaud, cette sympathie si communicative que l'on rencontre trop rarement chez des intelligences supérieures comme la sienne [2] ».

Sa mort remplit de tristesse ses collègues qui apprirent cet immense malheur avant même de l'avoir su malade, et qui voyaient vide « cette place qu'il avait prise, ou plutôt qu'ils lui avaient faite, d'un accord unanime, au milieu d'eux [3] ». Sa mort fut un deuil public pour les Églises de la XVIe circonscription, car toutes l'aimaient, — à toutes il avait fait du bien.

Les obsèques eurent lieu le 10 janvier, à une heure après midi, au milieu d'un concours immense de fidèles non seulement de Vauvert, mais aussi des églises voisines. Dix-sept pasteurs en robe [4], accompagnèrent

1. *Église libre*, 21 janvier 1887.

2. *Christianisme au* XIXe *siècle*, 20 janvier 1887.

3. *Église libre*. 21 janvier 1887.

4. MM. Abauzit et Ribard, de Calvisson; Delattre, de Clarensac; Farel, de Congénies; Malan, de Caveirac; Maury, de Nages; — Nègre, de Saint-Gilles; Rodriguez, de Beauvoisin; Roger, de Générac; Soubeyran, de Saint-Laurent-d'Aigouze; — André, de

d'abord au temple, puis au cimetière, les restes mortels de ce fidèle serviteur de Christ.

M. le pasteur Ribard, chargé par ses collègues de présider la cérémonie funèbre, monte en chaire ; après avoir lu une portion du chapitre XIII des Hébreux et fait la prière, il prononce le discours suivant :

> Je me suis tu, et n'ai point ouvert la bouche, parce que c'est toi qui l'as fait.
> (Ps. XXXIX, 10.)

« Messieurs et Frères,

» C'est pour moi un bien douloureux devoir que de porter en ce moment la parole devant vous. Mais ce devoir ne m'en est pas moins imposé par une amitié de vingt-six ans — commencée sur les bancs de la Faculté et qui est devenue toujours plus fidèle et plus profonde pendant les années de notre ministère. — Oui, nous sentions, nous comprenions bien des choses de la même manière ; — des études pareilles, les mêmes devoirs, la même charge nous avaient profondément unis. Ce commerce si doux de la pensée et du cœur vient d'être brisé par une véritable catastrophe, par un de ces coups de foudre inattendus qui éclatent dans un ciel serein. — Et ce n'est pas nous seul qui sommes frappé ! Qui mesurera toute la grandeur de la perte que nous faisons tous ?

» Comme en un instant tout a changé dans cette chère famille ! — Comme le bonheur dont jouissaient ces chers amis a été soudainement détruit, — et à la place,

Vergèze ; Bianquis, de Codognan ; Médard, d'Uchaud ; — Salles, d'Arles ; — Babut, de Nîmes ; — Barry, ancien pasteur de Codognan ; Maraval, ancien pasteur de Vergèze.

Les deux pasteurs de l'Église nationale de Vauvert étaient dans l'assistance.

que d'espérances confondues, — que de joies éteintes, — que de tristesses, — que de douleurs, — que d'angoisses pour l'avenir !

» Quel deuil ! — mes frères, — quel naufrage !

» Derrière lui, Henri Blanc laisse dans la douleur la plus profonde un vénéré père, qui, après cinquante-trois ans d'un ministère fidèle et béni, venait se reposer des agitations et des fatigues de la vie au foyer de ses enfants ; — à peine en a-t-il franchi le seuil, que ce fils qui l'attendait avec tant d'impatience, tombe et meurt dans ses bras. — et ce cher père n'a plus au milieu de ses larmes que le temps d'offrir à Dieu, dans une suprême prière, le dernier soupir de son enfant.

» Derrière lui, notre ami laisse une épouse bien-aimée dont le bonheur est anéanti et la vie brisée.

Cinq enfants privés désormais des soins intelligents et dévoués du meilleur des pères.

» Des frères, des sœurs dont l'affection n'a jamais eu de nuage.

» Un oncle, une tante qui l'aimaient comme on aime un fils.

» Sa famille n'est pas seule à être frappée.

» Ses collègues le sont aussi, eux qui étaient heureux de s'éclairer de ses conseils, de sa science et de son expérience des hommes et des choses.

» Ses amis sont privés d'une affection sincère et pleine de douceur.

» L'*Église réformée de France* perd en lui un de ses meilleurs et de ses plus dignes enfants.

» Sachant, au milieu d'un ministère des plus actifs, trouver des heures pour le travail de cabinet, ne ménageant ni sa santé ni sa peine, ne comptant pas assez, peut-être, avec les longues veilles et un labeur incessant, il avait parcouru à nouveau tout le champ de la théologie chrétienne, et ses derniers travaux nous l'ont montré comme un *théologien* plein de promesses [1]. Sa der-

1. Voir ses thèses pour la licence en théologie. Paris, 1884.

nière œuvre (qu'il laisse inachevée) était une revision d'une portion de la *Parole de Dieu*, où il mettait et son cœur et son âme, et sa science puisée aux meilleures sources françaises et étrangères, et sa grande connaissance des langues originales de nos Saints-Livres.

» L'Église réformée de France perd un brillant *prédicateur*, dont la prédication était pleine de foi, de sève, de puissance et de fidélité. Ce n'est point à vous, mes frères, qui avez eu le privilège de l'entendre si souvent, qu'on a besoin de parler du prédicateur que nous pleurons. Vos âmes ne vibrent-elles pas encore des émotions produites par sa chaude parole.

» L'*Église réformée indépendante de Vauvert* perd son *pasteur*, un pasteur dans le sens complet du mot. Non seulement il s'occupait de tout ce qui est nécessaire à la vie d'une église digne de ce nom : pauvres, sociétés diverses, œuvres locales et générales, mais il s'occupait de chacun de ses paroissiens ; il était avec vous aux heures de la joie et aux heures de la douleur ; il savait instruire et consoler ; et il savait aussi faire entendre, quand le devoir l'exigeait, des paroles sévères et flageller le vice et l'hypocrisie, joignant ainsi la mission du bon Samaritain à la prédication de Jean-Baptiste.

» Le *Synode de la XVI*e *circonscription* perd son *président*, charge que ses collègues avaient été heureux de lui confier pendant deux sessions [1]. Et nous savons avec quelle bonté il a exercé cette fonction, nous montrant bien qu'il n'était que le premier parmi des égaux. Nous connaissions tous son zèle pour cette belle organisation synodale, que nos pères nous ont transmise et qui peut donner à notre Église et l'*autorité* qui est nécessaire et la *liberté* qui ne l'est pas moins.

» Notre *Union pastorale de la Vaunage* perd un mem-

1. J'entends président de la commission exécutive du synode de la XVIe circonscription.
H. B. avait été nommé cinq fois président du synode particulier.

bre des plus précieux, dont les travaux étaient pour elle un honneur et l'affection une force.

» Enfin, *notre Patrie*, elle aussi, perd un citoyen qui l'honorait, — on le vit bien quand, dans les sombres jours de 1870 et 1871, notre ami fut des premiers sous Paris, aux avant-postes, portant à nos malheureux soldats, jusque sous les balles prussiennes, et des soins aux blessés et des paroles de paix et de consolation aux mourants. Là encore il ne compta ni avec sa famille, ni avec sa santé, ni avec la fatigue, ni avec la douleur physique et morale, — ni avec la vie.

» Henri Blanc était un *homme* dans la grande acception de ce mot, — il était un *caractère*, ce qui est rare de nos jours, — et ce qui pour nous est bien plus encore, il était un *humble disciple* de Jésus-Christ.

» Et c'est au moment où la moisson est grande et où il y a peu d'ouvriers qu'il est tombé au champ d'honneur, presque dans cette chaire qu'il occupait encore le premier jour de cette année.

« Devant la grandeur de la perte que nous faisons tous, au milieu de nos larmes, nous élevons nos yeux en haut et nous demandons à Dieu de pouvoir dire avec le psalmiste : « Je me suis tu, je n'ai point ouvert la bouche, parce que c'est toi qui l'as fait », ô Éternel.

Après M. le pasteur Ribard, M. le pasteur Nègre, de Saint-Gilles, prend la parole, rend un dernier hommage à notre ami au nom de l'*Union pastorale de la Vaunage*, et s'exprime ainsi :

» Je ne sais, Messieurs, si l'émotion que j'éprouve, si la douleur qui m'accable me permettront de parler à mon tour..... mais je voudrais cependant adresser, moi aussi, un adieu suprême à celui qui, après avoir été l'un de mes condisciples à la Faculté de théologie protestante de Montauban, a été, dans cette région, pendant ces six dernières années, l'un de nos collègues les plus dévoués et les plus aimés.

» Voilà près de vingt-cinq ans — presque un quart de siècle — que je connaissais Henri Blanc. Après quelques mois d'études communes dans la Faculté que je viens de dire, nous nous étions perdus de vue, mais nous ne nous étions pas oubliés : j'avais gardé le meilleur souvenir de nos rapides relations premières, et lorsque, après son séjour en Allemagne, pour la continuation et le développement de ses études théologiques, dont on vient de vous entretenir et qui lui étaient si chères ; lorsque, après sa suffragance de Paris et son ministère à Mouriès, il est venu s'établir au milieu de nous, nous n'avons pas eu de peine à faire revivre et à laisser s'accroître de jour en jour une amitié que la séparation n'avait pas éteinte.

» Notre *Union pastorale de la Vaunage*, qui avait déjà compté parmi ses membres MM. Grassart et Cadène, s'empressa de recevoir dans ses rangs le nouveau pasteur de l'Église réformée indépendante de Vauvert, et, depuis ce moment, elle s'est toujours sentie honorée de cette précieuse collaboration. C'est au nom de notre association fraternelle que j'adresse à cette heure à notre cher défunt un dernier adieu.

» Depuis le jour où notre regretté frère et ami parut pour la première fois à nos séances (c'était, si les renseignements que j'ai relevés à la hâte dans nos registres sont exacts, le mercredi 26 mai 1880, à Congénies), jusqu'à notre dernière assemblée qui s'est tenue le 1er décembre passé à Lunel, nous avons eu, sauf erreur, quarante-trois réunions : Henri Blanc est venu assister à la plupart d'entre elles et presque toujours y a pris une part active, soit dans notre séance intime du matin, où nous avions tant de plaisir à l'entendre traiter la question à l'ordre du jour, avec cette compétence et cette érudition théologique que nous admirions, soit dans nos réunions publiques d'édification de l'après-midi, où sa parole facile et vibrante manquait rarement de se faire entendre dans l'allocution ou dans la prière.

» Oublierai-je de parler de ces brillants discours sur des sujets d'apologétique ou d'histoire qu'il a prononcés dans maintes églises, soit sous les auspices de l'Union pastorale de la Vaunage, soit à l'occasion de notre Synode, dont il était le distingué président ; soit pour répondre à l'appel de tel ou tel de ses collègues ? Oublierai-je de mentionner cette intéressante, cette émouvante conférence qu'il nous donnait récemment, au lendemain de la fête de la Réformation, et qui a été son chant du cygne, dans la sombre tour d'Aiguesmortes ? Quelle est, pour tout dire en un mot, — tant était grande, étendue, son activité pastorale, — quelle est l'Église de notre région où n'ait point retenti, un jour ou l'autre, sa voix éloquente ?

» Et maintenant cette voix s'est tue...., cette langue est glacée....., cette main cordiale ne pourra plus faire sentir à la nôtre sa chaude étreinte ! ..... Et voilà bien aussi ce qui fait à cette heure couler nos larmes et nous plonge dans la douleur !.... Quel vide, cher ami, ton départ va faire au milieu de nous ! Comme nous te chercherons du regard et du cœur dans les prochaines séances de notre Union... Et tu ne seras plus des nôtres ! Quelle épreuve, quel deuil pour tous ces collègues que tu aimais et qui t'aimaient !....

» Mais relevons-nous, ô mes frères, ô mes chers collègues ! Pour les rachetés du Seigneur la mort se transforme en victoire ! Si Henri Blanc n'est pas auprès de nous sur la terre, il est maintenant au ciel, dans la gloire ! Le Dieu-Sauveur en J. C. qu'il a prêché et servi avec tant de vaillance pendant sa trop courte carrière pastorale, l'a recueilli dans son sein paternel et lui fait à présent goûter sa paix ineffable. Comme lui, glorifions et servons Christ, notre Maître, avec fidélité et avec zèle, et comme à lui nous sera aussi donnée un jour « la couronne de vie et d'immortalité. »

» Adieu, cher ami, encore adieu, au nom de cette *Union pastorale* dont tu étais membre, et qui te pleure. Adieu, mais un adieu chrétien, c'est-à-dire un au revoir dans l'éternité ! — AMEN.

M. Louis Pairaube, membre du conseil de l'Église, parle après M. Nègre. Il se fait l'interprète des sentiments qui remplissent le cœur de tous les fidèles.

Il rappelle que ce fut lui qu'on chargea, il y a sept ans, d'écrire à M. Blanc pour lui adresser vocation. Il paye un juste tribut de reconnaissance et d'affection à la mémoire du pasteur qui a fait tant de bien à Vauvert ; et rappelant tous les deuils de cette Église, qui fait tous ses efforts pour rester fidèle à l'Évangile de Jésus-Christ, il demande à Dieu d'avoir pitié d'elle et de la bénir au milieu même de ses épreuves [1].

M. le Pasteur Abauzit, de Calvisson, termine le service au temple par une émouvante prière.

Le cortège se reforme et se dirige vers le cimetière.

Devant le caveau qui va recevoir la dépouille terrestre de notre frère, M. le pasteur Babut, de Nimes, prononce une allocution sur ces paroles de Jésus-Christ : « Pendant que vous avez la lumière, croyez en la lumière, afin que vous deveniez des enfants de lumière. » (Jean, XII, 36.) Il insiste successivement sur chacune des trois sentences dont se compose son texte.

« *Croyez en la lumière.* — La foi chrétienne a pour objet la lumière, c'est-à-dire la vérité et la sainteté. Dieu est Lumière. Jésus-Christ est la lumière du monde. Ceux-là se trompent qui accusent les chrétiens d'obscurantisme. La foi de l'ami que nous pleurons, foi éclairée et qui s'alliait à une science étendue, était la réfutation vivante de cette accusation.

1. Il nous a été impossible de nous procurer le texte de l'allocution de M. Pairaube.

« *Afin que vous deveniez des enfants de lumière.* — La lumière de l'Évangile reçue dans l'âme du croyant, la tranforme, se l'assimile, la rend lumineuse en quelque sorte. Elle fait de lui un enfant de lumière. Produire ce changement, cette naissance nouvelle, c'est le but de la prédication évangélique. Membres de l'Église de Vauvert, vous avez possédé des pasteurs distingués et fidèles. Vous avez souvent entendu les éloquents appels de celui à qui nous rendons les derniers devoirs. Le but de la prédication a-t-il été atteint en ce qui vous concerne ? Êtes-vous devenus des enfants de lumière ?

» *Pendant que vous avez la lumière.* — Peut-être, en prononçant ces mots, Jésus montrait-il le soleil prêt à se coucher, et dont la disparition prochaine était un symbole de la fin de son ministère public et visible. Dans la contrée où il vivait, le coucher du soleil est rapide et presque subit. Souvent aussi la mort surprend l'homme au moment où il y pense le moins, le frappe en pleine vigueur, en pleine activité. Il en a été ainsi pour le pasteur que l'Église vient de perdre. Après un tel coup, qui de nous peut se promettre une longue vie ? Qui de nous peut compter sur le lendemain ? Aujourd'hui, puisque la voix de Dieu se fait entendre à nous, d'une manière si émouvante et si solennelle, n'endurcissons pas nos cœurs ! »

« Enfin, M. Blanc père, qui porte admirablement ses soixante-dix-huit ans, nous a arraché des larmes en exprimant sa reconnaissance et celle de sa famille pour les sympathies qu'on leur témoignait. Il a été particulièrement émouvant quand, maitrisant sa douleur, on l'a entendu bénir Dieu d'avoir pu lui consacrer un de ses fils, et de ce que ce fils avait pu donner vingt années de sa vie au service de l'Église [1] ».

1. *Église libre*, 21 janvier 1887.

M. le pasteur Salles, d'Arles, termine ces douloureuses funérailles par la prière, et demande encore à Dieu d'être avee tous ceux qui sont affligés, famille et Église.

Nous citerons, en terminant, ces mots de la circulaire du 15 mars 1887 de la Commission permanente du Synode officieux : « Hélas ! l'un des meilleurs et des plus estimés, M. Blanc-Milsand n'y sera pas. C'est avec douleur que nous retraçons ici son nom, en demandant à Dieu de susciter au milieu de nous des hommes aussi dévoués à la cause de son Église et de son règne », et nous rappellerons aussi avec quelle chaleureuse sympathie M. le pasteur Bersier a exprimé les regrets de ses collègues et les siens au Synode général de Saint-Quentin (14 juin 1887) [1].

Que Dieu mesure à tous ces chers amis les consolations à la grandeur de l'épreuve. Qu'il soit avec les grands-parents, les frères et les sœurs, « avec sa vaillante veuve, qu'il l'assiste dans la grande tâche de l'éducation de sa nombreuse famille. Que ses cinq fils marchent sur les traces de leur père. Qu'ils aient toute sa foi et tous ses dons, et (c'est un vœu que nous voulons former) qu'il y en ait parmi eux *un*, ou *plusieurs*, qui rendent à l'Église ce que nous perdons par la mort de notre cher et toujours regretté Henri Blanc [2] ».

1. « A l'occasion des élections de la XVIe circonscription, M. le Président rappelle avec émotion le nom de M. le pasteur Blanc-Milsand de Vauvert, qui siégerait au présent Synode, comme il avait siégé au Synode de Nantes, si une mort prématurée n'était venue presque subitement l'enlever à l'affection des siens et à son œuvre.

» Il dit la grande perte que nos Églises ont éprouvée dans la personne de ce collègue distingué et dévoué, et propose d'exprimer à sa famille la sympathie du Synode.

» Cette proposition obtient l'assentiment unanime du Synode. » (*Actes et décisions du Synode général officieux de Saint-Quentin*. Marseille, 1887 ; page 53.)

2. *Église libre*, 21 janvier 1887.

Que notre Dieu bénisse aussi cette chère petite fille [1] qui vient de naître, et qui, hélas ! ne connaîtra jamais son père et sera privée de son amour !

« *L'Éternel garde tous ceux qui l'aiment.* »
(*Ps. CXLV, 20.*)

1. Henriette Blanc-Milsand est née le 3 juin 1887.

LA VAGUE.

—

Voyez, sous ce beau ciel, la nacelle en repos
Par la brise odorante est mollement bercée ;
Tout est silencieux, mais du profond des eaux
Une vague s'est élancée.

Le soleil fait tomber son plus brillant rayon
Sur ce flot ondoyant d'azur et de lumière,
Qui par degré s'élève et, dans sa course altière,
Palpite et, sur la mer, trace un mouvant sillon.

A nos regards charmés, un instant il promène
Son front capricieux d'écume couronné ;
Puis, plaintif et lassé sur la liquide plaine
Il meurt ainsi qu'il était né.

Amis, telle est la vie humaine ;
Au gré de l'orage et du vent,
Jouet du courant qui l'entraîne,
C'est la vague sur l'Océan.

D'abord, défiant la tempête,
Enivré de joie et d'orgueil,
L'homme grandit, lève la tête
Et pense échapper au cercueil.

Vain espoir ! Tout fuit et tout passe;
De sa hauteur précipité,
Bientôt il fléchit et s'efface
Englouti dans l'Éternité !

Et cependant, ô mer, un rayon d'espérance
Illumine pour nous tes sombres profondeurs
Et ton gouffre béant, comme un sépulcre immense,
S'éclaire et resplendit de célestes lueurs.

Sans trêve et sans repos, la vague fugitive
Peut monter ou décroître, ou se perdre à nos yeux,
Mais tandis que tes flots expirent sur la rive
Dans ton sein calme et pur tu réfléchis les cieux.

Cette poésie fut composée au retour d'une promenade faite au bord de la mer, le 24 août 1886, au Grau-du-Roi. Si nous la reproduisons, c'est que l'on y trouve : « l'expression des espérances chrétiennes de notre ami, et comme une sorte de prophétie de la fin prématurée qui lui était réservée. » [1].

1. *Le Huguenot* du 1er février 1887

Nîmes. — Typ. F. Chastanier, 12, Rue Pradier.

www.ingramcontent.com/pod-product-compliance
Ingram Content Group UK Ltd.
Pitfield, Milton Keynes, MK11 3LW, UK
UKHW022148260726
13993UKWH00005B/2228

9 782329 490311